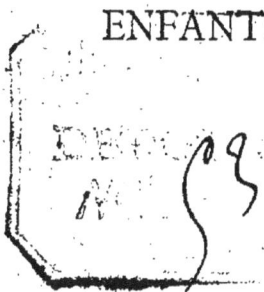

# COMITÉ DE DÉFENSE

### DES

## ENFANTS TRADUITS EN JUSTICE

# DE L'AGE

### DE LA

# RESPONSABILITÉ PÉNALE

## CHEZ LES MINEURS

# RAPPORT

*Présenté à la Séance du 19 Février 1894*

PAR

## M. RAOUL VALENSI

Avocat

MARSEILLE

TYPOGRAPHIE ET LITHOGRAPHIE BARLATIER ET BARTHELET

Rue Venture, 19

—

1894

# BUREAU DU COMITÉ

## DE MARSEILLE

### PRÉSIDENTS D'HONNEUR

MM. MICHEL-JAFFARD, ✼, premier président de la Cour d'appel.

De ROSSI, ✼, président du Tribunal civil.

PELLEFIGUE, ✼, procureur de la République.

AMBARD, bâtonnier de l'ordre des Avocats.

### PRÉSIDENT :

M. CONTE, juge au Tribunal civil.

### VICE-PRÉSIDENTS :

MM. GUIBERT, ✼, avocat, conseiller général des Bouches-du-Rhône, président de la Commission administrative des Hospices civils de Marseille.

DELEUIL, juge d'instruction, conseiller général des Bouches-du-Rhône.

### SECRÉTAIRE-GÉNÉRAL :

M. VIDAL-NAQUET, ☾, avocat.

### TRÉSORIER :

M. LAUGIER, avoué.

### CONSEILLERS :

MM. BONNARD, ☾, directeur de la 32e Circonscription pénitentiaire.

CORTICCHIATO, avocat.

MAZADE, ☾, ✼, O. ✼, docteur en médecine, inspecteur départemental de l'Assistance publique.

PARROCEL, ☾, substitut du Procureur de la République.

PLATY-STAMATY, avocat.

ROUX, substitut du Procureur de la République.

### SECRÉTAIRES :

MM. Paul BERGASSE, avocat.

Wulfran JAUFFRET, avocat

COMITÉ DE DÉFENSE

DES

ENFANTS TRADUITS EN JUSTICE

---

# DE L'AGE

DE LA

# RESPONSABILITÉ PÉNALE
# CHEZ LES MINEURS

---

# RAPPORT

*Présenté à la Séance du 19 Février 1894*

PAR

M. RAOUL VALENSI

Avocat

---

MARSEILLE

TYPOGRAPHIE ET LITHOGRAPHIE BARLATIER ET BARTHELET

Rue Venture, 19

1894

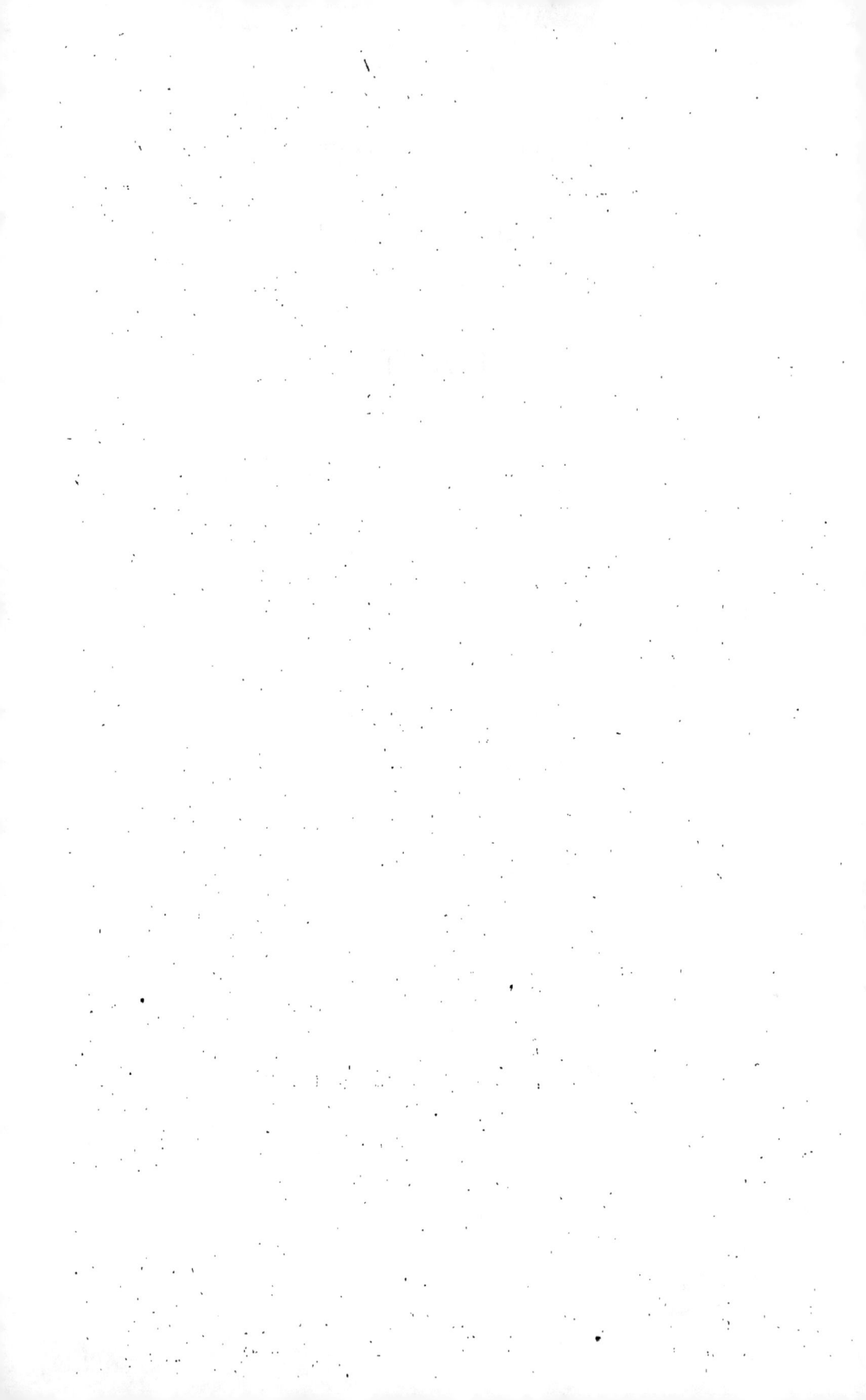

COMITÉ DE DÉFENSE

DES

ENFANTS TRADUITS EN JUSTICE

———

# RAPPORT

Présenté à la séance du 19 Février 1894

par M. Raoul VALENSI, avocat

———

MESSIEURS,

Parmi les questions qui méritent de fixer notre attention, il n'en est pas de plus importantes, à coup sûr, que celles qui touchent au principe de la responsabilité pénale.

Discerner le bien du mal, le juste de l'injuste, tout le problème de l'imputabilité gît dans cette simple proposition.

La perpétration matérielle d'un délit ou d'un crime ne suffit pas, en effet, pour entraîner la culpabilité de l'agent.

Pour que cette culpabilité existe, deux conditions distinctes sont indispensables :

1º La Liberté de détermination ;

2º La Raison morale, c'est-à-dire, un développement intellectuel suffisant pour que l'individu distingue, avec netteté, le bien du mal.

Or, ainsi qu'on l'a fort bien dit, les conditions d'âge agissent simultanément sur ces deux éléments fondamentaux de la culpabilité :

« Dans la première enfance, et alors même « qu'une première lueur de raison morale s'est « fait jour dans la conscience, le libre arbitre « n'est pas, à beaucoup près, équilibré. L'appétit, « la sollicitation sensuelle de l'instinct, est plus « forte que la résistance morale. »

C'est qu'en effet, comme l'a si finement exprimé M. Bertauld, « si l'homme naît avec des facul« tés qui le prédestinent à la société et à l'appré« ciation de la loi morale, ces facultés ne se « développent qu'avec le temps ; et la vie « animale se prolonge un certain nombre d'an« nées avant de céder sa place à la vie morale « dont l'avènement ne s'opère que lentement et « progressivement. »

A quel âge est-il permis de présumer que cet avènement s'est définitivement opéré ? C'est là un

problème assez mystérieux, que les différentes
législations ont essayé de résoudre, mais qui soulève encore les plus vives controverses. Les diver-
gences sont presque aussi nombreuses que nettement tranchées. — Y a-t-il, notamment, un âge
au-dessous duquel il ne pourrait être question de
responsabilité et de libre arbitre, et, par voie de
conséquence, de culpabilité pénale ? — L'on peut
dire que les esprits les plus élevés se sont préoc-
cupés en Europe, de cette question primordiale —
Mais tandis que chez la plupart de nos voisins, ces
préoccupations aboutissaient à des solutions prati-
ques, et à des réformes unanimement approuvées,
en France, jusqu'à ces dernières années, elles se
sont traduites en vœux aussi stériles que platoni-
ques. Et c'est ainsi, Messieurs, qu'après avoir
servi de modèle aux différentes législations
modernes, le Code pénal de 1810, se trouve en
état d'infériorité manifeste à l'égard de ceux
auxquels il a servi, en quelque sorte, de moule
générateur.

Il serait injuste de méconnaître, toutefois, que
des efforts généreux ont été tentés pour mettre
notre Code pénal au niveau des progrès réalisés
dans les pays civilisés. — De nobles sollicitudes
sont tendues vers ce but ; et le problème à résou-

dre, il faut l'avouer, est l'un des plus délicats que se soient proposés la philanthropie et la science modernes.

L'économie de notre législation pénale en ce qui concerne la responsabilité des enfants mineurs se trouve contenue tout entière dans les articles 66 et 67 du Code pénal.

Elle est d'une simplicité qui peut avoir son mérite, mais qui soulève aussi de graves objections.

Quoiqu'il en soit, aujourd'hui encore, aux termes de l'article 66, un mineur de 16 ans peut, à quelque âge qu'il ait commis une action punissable, être traduit devant un magistrat instructeur, auquel la loi laisse la faculté de faire un premier examen de l'état intellectuel et moral de l'enfant. Il est ensuite cité à comparaître devant le Tribunal correctionnel auquel est dévolue une tâche à la fois psychologique et judiciaire.

Le Tribunal examine, en effet, tout d'abord, si ce mineur a agi avec ou sans discernement. En cas d'affirmative, ses méfaits sont punis suivant la nature de leur gravité, mais en tenant compte des atténuations édictées par l'article 67 en faveur du mineur de 16 ans.

En cas de négative, au contraire, il ordonne

qu'il sera remis à ses parents, ou élevé dans une maison de correction, pendant un laps de temps que le jugement détermine, mais qui ne peut, en aucun cas, excéder l'époque où il aura accompli sa 20ᵉ année.

Ainsi donc, tandis que le mineur de 16 ans est frappé par la loi civile d'une incapacité absolue, il doit compte à la société des méfaits qu'il commet. Sa responsabilité n'est pas sanctionnée aussi rigoureusement que celle du majeur; mais elle existe, elle est proclamée par la loi pénale et elle comporte les sanctions prévues par cette loi. Pourquoi en est-il ainsi ?

C'est, dit-on, que la loi pénale touche à l'ordre public, et que la Société a le droit de se défendre contre quiconque serait tenté d'y apporter un trouble. C'est aussi, ajoute-t-on, que le discernement, la notion du bien et du mal s'acquiert plus aisément que celle des intérêts civils. Elle exige une intelligence moins précoce, une éducation moins développée.

La notion du bien et du mal serait en quelque sorte intuitive, tandis que les notions utilitaires seraient, en même temps que celui de l'intelligence, le produit combiné de l'expérience et de l'éducation.

8

Ces raisons sont-elles irréfutables ? sont-elles de celles devant lesquelles on s'incline parce qu'elles apparaissent comme décisives ?

Tel n'est pas notre avis. Si elles contiennent une bonne part de vérité, elles ne sont pas toute la vérité.

Et tout d'abord, est-il vrai tant au point de vue philosophique qu'au point de vue positif, que le discernement, que le sens du bien et du mal, soit surtout une question d'intuition ?

Ce sens peut-il être considéré comme inné chez tout individu ? Croit-on, par exemple, qu'il existe au même degré dans les bas-fonds sociaux où l'enfant n'a la plupart du temps sous les yeux que de mauvais exemples, que dans les classes aisées où l'enfant est incontestablement mieux entouré ? où ses premiers pas dans la vie sont surveillés avec un soin jaloux ? où les contacts suspects lui sont le plus possible évités ? où les remontrances lui sont plus facilement prodiguées, parce que les auteurs de ses jours peuvent surveiller plus aisément l'éclosion de ses sentiments, de ses instincts, de ses simples impulsions ?

Cette rapide incursion dans le domaine de la vie réelle, qui est aussi celui des inégalités sociales, ne donne-t-elle pas déjà un faible aperçu des distinctions qu'il y aurait lieu d'établir entre les enfants issus de souche différente ?

Entrer dans cette voie serait cependant plein de danger, et le législateur ne saurait ni dégénérer en casuiste, ni essayer de déterminer des cas de responsabilité cadrant exactement avec l'organisation physique et morale de chacun.

Mais si l'on ne peut nier l'influence du milieu ambiant sur l'éclosion et le développement de la faculté de discernement, sans laquelle aux yeux mêmes du législateur il n'y a pas de responsabilité, on est amené à émettre cette conclusion, à savoir :

Que cette faculté essentielle procède de l'éducation et de l'expérience, presque autant que de ce sentiment du juste et de l'injuste, que l'on est trop volontiers disposé à considérer comme préexistant, dès l'âge le plus tendre.

Il nous paraît donc nécessaire de proclamer qu'il ne saurait y avoir une règle uniforme de responsabilité pour tous les sujets âgés de moins de 16 ans. — Qu'au contraire, il y a lieu de fixer une limite d'âge au-dessous de laquelle il ne saurait y avoir ni responsabilité, ni culpabilité.

C'est en quoi les nations modernes nous ont depuis longtemps devancés. — Je me trompe, Messieurs. — La Turquie ne nous a pas encore faussé compagnie. Mais n'oublions pas qu'entre l'Ere chrétienne et l'Hégire Mahométane, il y a un intervalle de plus de six cents ans. Cela peut excuser les sages lenteurs de la Turquie ; mais notre infériorité actuelle ne s'en dégage que mieux vis-à-vis des peuples dont la civilisation est contemporaine de la nôtre.

Ainsi, aux termes d'une statistique remontant à trois ans environ, la législation Prussienne du 13 Mars 1878 refuse d'attribuer aucune responsabilité à tout enfant au-dessous de six ans.

Cette irresponsabilité est absolue, en ce sens, que l'enfant âgé de moins de six ans est à l'abri de toute poursuite. La loi prussienne va même plus loin :

Il résulte, en effet, d'une communication faite par M. Georges Dubois à la Société Générale des Prisons, « que de 6 à 12 ans, l'enfant qui a com-« mis une action punissable est traduit devant « une juridiction d'une nature spéciale. C'est le tribunal de la tutelle : « Dépouillé de tout carac-« tère répressif, dit M. Georges Dubois (Bulletin « de la Société des Prisons, séance du 16 décembre « 1891), ce tribunal examine le cas des enfants de « 6 à 12 ans qui comparaissent devant lui, et les « place soit dans une famille présentant toutes les

« garanties voulues, soit dans un établissement
« d'éducation ou de correction, à moins que la
« famille même de l'enfant ne présente de sérieu-
« ses garanties. Mais dans aucun cas l'enfant n'est
« abandonné. »

Comme on l'a fort bien dit à la séance où cette
communication était faite, sans copier servilement
la loi prussienne, il y aurait lieu de se demander
si indépendamment de sa nationalité, elle ne contient pas des enseignements sérieux et facilement
utilisables.

La loi prussienne est loin, d'ailleurs d'être, la
seule qui se soit préoccupée du degré de responsabilité de l'enfance.

La Belgique, bien qu'étant une jeune nation,
s'est fait un honneur d'approfondir cette délicate
question.

Ses prescriptions sont fort dignes d'attention.
Elles ont été magistralement exposées le 16 mars
1892, à la séance de la Société Générale des Prisons, par M. le professeur Prins, inspecteur général des prisons belges, et très clairement résumées
par M. Brueyre, auquel je me permets d'en
emprunter l'économie qui est la suivante :

« Aucun enfant âgé de moins de 10 ans ne peut
« être traduit en justice sauf pour homicide volon-

« taire ou incendie. Dans ce cas, l'enfant est remis
« en mains du gouvernement.

« De 10 à 16 ans, s'il n'y a pas de discernement,
« non-lieu. De même avant 14 ans, si à raison de
« l'âge ou des antécédents, on estime que l'infrac-
« tion ne motive pas de poursuite, l'enfant est
« remis au gouvernement, et, en vertu de l'arti-
« cle 17, placé soit dans une maison de charité,
« soit dans une école de réforme. »

Ce système, en vigueur depuis le mois de no-
vembre 1891, a-t-il donné les résultats que l'on en
attendait ?

Ecoutez, Messieurs, l'appréciation de Monsieur
le professeur Prins.

« Six mois après sa mise en œuvre, près de
« 600 enfants avaient été placés en apprentissage,
« et, chose intéressante, parmi les enfants placés,
« il y a eu des enfants simplement malheureux,
« abandonnés, qui n'avaient pas commis d'infrac-
« tion, mais il y a eu aussi beaucoup d'enfants
« remis à l'Etat parce qu'ils avaient été traduits en
« justice pour vols, larcins, etc., et les placements,
« ajoute-t-il, ont admirablement réussi. »

Si des législations belge et prussienne, nous
passons aux autres législations européennes, que
constatons-nous ? C'est que si elles varient sur la

fixation d'une période d'irresponsabilité en faveur de l'enfant, elles en admettent toutes le principe.

C'est ainsi, pour ne pas multiplier les citations qu'en Russie, en Portugal et en Angleterre l'enfant est présumé irresponsable jusqu'à 7 ans, tandis qu'en Italie et en Espagne cette présomption lui profite jusqu'à 9 ans — en Grèce et en Autriche jusqu'à 10 ans, — dans les cantons de Vaud et du Valais jusqu'à 14 ans.

Je ne crois pas, Messieurs, que notre législateur puisse hésiter plus longtemps à mettre le code pénal Français en harmonie avec les différentes législations européennes. Il est temps qu'il sorte de sa torpeur, et consacre enfin, chez nous, un progrès réalisé ailleurs, depuis longtemps, en rajeunissant le texte de l'article 66.

Mais, s'il entre résolument dans cette voie, jusqu'à quel âge devra-t-il faire bénéficier l'enfant d'une présomption d'irresponsabilité exclusive non-seulement de toute comparution devant un tribunal répressif, mais encore de toute poursuite judiciaire ? Je ne crois pas, pour ma part, qu'il puisse en fixer la durée à quatorze ans comme dans les cantons suisses dont il est ci-dessus parlé. Mais il pourrait s'inspirer de ce qui se pratique dans les pays de race latine, et prescrire que jusqu'à l'âge de neuf ou de dix ans, par exemple, nul enfant ne pourra être poursuivi. Je crois qu'il se rapprocherait le plus possible de la vérité, en empruntant cette limite d'âge aux pays qui ressemblent le plus au nôtre, tant au point de vue de la communauté d'origine, que du développement physique, intellectuel et moral, dont le rôle est si important en matière de responsabilité pénale.

Il aurait aussi avantage à suivre les enseignements de la loi belge, en privant du bénéfice de l'irresponsabilité l'enfant coupable d'homicide volontaire ou d'incendie ; mais, en ce cas, et comme en Belgique, il y aurait lieu pour le gouvernement de se charger lui-même de cette catégorie d'enfants ; de surveiller leur conduite, de rechercher pour eux un placement susceptible d'amener la réforme de ces tempéraments si précocement vicieux.

Il est incontestable, Messieurs, que chez nous comme en Belgique, le rouage indispensable pour l'œuvre du placement, ce sont les comités de patronage : Ces comités, qui, à l'exemple du nôtre, se créent un peu partout, faciliteront singulièrement la tâche du gouvernement. Ils contribueront ainsi pour leur part, à cette œuvre de relèvement moral dont l'importance n'est plus à démontrer. Ainsi, que le dit avec tant de raison Monsieur le professeur Prins, l'ensemble de ces mesures prouve qu'il y a moyen en enlevant l'enfant au Code pénal, de garantir à la fois la société et l'enfant, mieux l'un et l'autre qu'on ne l'a fait jusqu'à présent.

Vous aurez à vous prononcer Messieurs, sur la réforme que je crois indispensable d'opérer dans notre législation en faveur de ce qu'on peut appeler la première enfance. Vos opinions individuelles pourront varier sur le choix des moyens à proposer pour la réalisation de cette réforme. J'espère fermement qu'elles ne varieront pas sur son principe même et sa nécessité.

Mais s'il est vrai qu'il doit y avoir dans l'existence de l'enfant une période exclusive de toute poursuite judiciaire, il en est une seconde durant laquelle sa responsabilité entraîne pour lui, l'application des articles 66 et 67 du Code pénal que je vous rappelais plus haut.

Vous connaissez aussi bien que moi les motifs qui ont inspiré le législateur de 1810. Il n'était évidemment pas possible, au point de vue rationnel, d'assimiler l'enfant de quatorze ans à l'adulte de trente ans. D'autre part, le passage de la vie

matérielle, inconsciente, à la vie morale, ne s'opé-
rant pas brusquement, en quelque sorte ipso facto,
il y avait lieu de déterminer l'âge qui devrait
servir de point de départ à la responsabilité pénale.

Je vous ai dit que le principe adopté par la loi,
était celui-ci :

Jusqu'à l'âge de seize ans accomplis, le délinquant est présumé n'avoir pas le discernement
suffisant pour saisir nettement la portée de ses
actes. Toutefois, ce n'est là qu'une simple présomption que le juge peut détruire en déclarant
que le mineur de seize ans possédait ce discernement.

Mais, même dans ce dernier cas, les pénalités
encourues par le mineur, sont considérablement
atténuées par l'article 67,

Il n'entre pas dans le cadre de mon rapport
d'examiner si l'application de cet article 67 ne
fait pas, au mineur condamné, une condition
parfois moins dure que celle que crée l'article 66
au mineur acquitté comme ayant agi sans discernement. Cette question pourra peut-être faire
l'objet d'une étude sur laquelle il ne m'appartient
pas d'empiéter.

Ce que je veux retenir pour le moment des
principes posés par le législateur, c'est que la

présomption tirée du défaut de discernement ne couvre actuellement le mineur que jusqu'à l'âge de seize ans accomplis.

Et ce que je veux me demander, avec vous, c'est simplement ceci :

En assignant cette limite à la période de responsabilité mitigée dont le principe est posé dans l'article 66 du Code pénal, le législateur a-t-il édifié une œuvre à l'abri de toute critique ? A-t-il eu raison de penser que les entraînements plus ou moins conscients du premier âge ne sauraient s'étendre au-delà de seize ans ? Ou bien au contraire la limite légale est-elle insuffisante ? Et conviendrait-il de porter de seize à dix-huit ans l'âge de la minorité pénale, telle qu'elle est réglée par l'article 66 ?

A cette question, Messieurs, les législations étrangères répondent encore affirmativement.

Dans la plupart d'entr'elles, l'âge de la majorité pénale se rapproche très sensiblement de l'âge de la majorité civile.

En Espagne, en Prusse, dans le canton de Lucerne, c'est à 18 ans qu'est fixé le point de départ de la majorité pénale.

En Portugal, en Roumanie et en Russie, c'est à 21 ans accomplis qu'elle commence.

Bien plus ! Dans certains pays, en Italie, par exemple, la majorité civile et la majorité pénale se confondent. La 21<sup>me</sup> année est le point de départ de l'une et de l'autre.

Il peut être pénible de constater que depuis 1810 notre pays s'est laissé distancer en pareille matière ; mais c'est là une raison de plus pour aborder enfin cette question avec l'intention de la résoudre.

Comment la trancherons-nous ?

Devons-nous suivre l'exemple que nous donnent sur ce point la plupart des nations Européennes ? Devons-nous inviter le législateur à ne séparer la majorité civile de la majorité pénale que par un très petit nombre d'années ?

Oui Messieurs, et j'appelle de tous mes vœux le moment où l'âge de la *majorité pénale sera porté de 16 à 18 ans.*

Et tout d'abord, Messieurs, qu'il me soit permis d'ouvrir ici une parenthèse, qui contiendra elle-même un parallèle.

L'incapacité du mineur de 16 ans est radicale. La confection d'un testament, notamment, est considérée comme chose beaucoup trop complexe pour son jeune âge. De 16 à 21 ans, il peut bien tester, mais il lui est interdit de s'obliger. Veut-il faire du commerce ? L'émancipation lui est préalablement imposée. S'est-il obligé ? La Loi lui fournit le moyen de faire annuler ses engagements s'il en résulte une lésion à son préjudice. A-t-il recours à l'émancipation ? Cette émancipation ne consolide que les actes qu'il fait dans l'exercice de son commerce. Vouloir énumérer les incapacités qui l'atteignent encore dans ce cas, serait chose à la fois surérogatoire et fastidieuse. Ces incapacités sont trop connues. N'oublions pas toutefois que la loi civile lui ferme jusqu'à dix-huit ans l'accès de l'armée, cette école de la discipline, de l'obéissance et du respect.

Assurément, on ne saurait reprocher à cette loi d'avoir enfermé l'adolescence dans un cercle de mesures protectrices nettement précisées et déterminées. Les intérêts civils sont complexes de leur nature. Ils exigent, pour être compris, une intelligence déjà assouplie par l'éducation, et développée par l'expérience de la vie. On ne peut donc que louer le législateur d'avoir créé et muni de toutes pièces un arsenal défensif au profit de la jeunesse.

Mais, n'y a-t-il pas une contradiction évidente à vouloir que le mineur, jugé absolument incapable de se protéger lui-même, réponde devant la loi pénale, d'une façon atténuée sans doute, mais en tout cas positive, de ses moindres infractions ?

N'est-on pas fondé dès lors à soutenir qu'il serait rationnel de faire tout au moins coïncider l'âge de la majorité pénale avec celui auquel la loi civile elle-même croit devoir concéder au mineur une demi-capacité juridique ? — de fixer par suite cette majorité pénale, non pas à seize ans, mais à dix-huit ans ?

Et, en effet, s'il est indubitable qu'à seize ans le sens moral doit exister chez tout individu, il n'est pas moins certain que sa culpabilité est encore bien amoindrie. L'avènement à la vie morale, dont parle M. Bertauld, n'est pas encore complètement opéré.

Il existe, d'autre part, entre seize et dix-huit ans, une période durant laquelle les appétits matériels s'accroissent avec une force, une intensité beaucoup plus grandes que de douze à seize ans par exemple. Et c'est là un facteur important des actions humaines.

Qui oserait soutenir que le mineur de seize ans est beaucoup plus esclave de ses instincts que le mineur de seize à dix-huit ans ? N'est-ce pas dans la proposition inverse que gît la vérité ?

Est-ce que les appétits sensuels ne se développent pas chez chaque individu, en proportion directe de son développement physique lui-même ?

D'autre part, le sentiment du *Struggle for life*, de la lutte pour la vie, ne devient-il pas lui-même plus vif, à ce moment de l'existence, où l'enfant, commençant à jeter les yeux sur l'avenir, sent la nécessité de se faire une place dans le milieu social, d'y conquérir son rang, d'y affirmer son individualité ? N'est-il pas certain que cette ambition instinctive a une influence positive sur ses actes ?

Or la loi civile est là, qui le déclare incapable de défendre ses intérêts. — Elle l'étreint encore dans ce cercle de mesures tutélaires, qu'elle considère comme l'appui et le soutien naturel de sa faiblesse. Son incapacité est encore absolue. Et alors que la loi civile lui interdit toute faculté de contracter, alors que, par l'excès même de cette prévoyance, il ne voit autour de lui que prohibitions et défenses, ses instincts passionnels grondent en lui. — Timides, et, en tout cas, contenus jusqu'alors, ils se développent et se manifestent avec une exigence de jour en jour plus impérieuse.

On pourrait presque dire de ce moment, qu'il est, en quelque sorte, l'âge critique de la jeunesse, parce que c'est celui où l'individu, entrant dans la pleine possession de ses facultés physiques, sent se déchaîner en lui ces sollicitations parfois irrésistibles de l'appétit qui peuvent avoir de si funestes conséquences sur ses actes. Nier la répercussion du physique sur le moral, du développement matériel sur le libre arbitre, c'est nier une vérité psychologique. — Et l'on ne saurait y songer. — Tout concourt donc à faire du mineur de 16 à 18 ans un être qui est le jouet, non seulement de ses passions et de ses appétits, mais encore de ce sentiment des réalités impitoyables de la vie, que l'on ne saurait refuser de considérer comme l'un des mobiles les plus importants de nos actions.

Pourquoi le priverait-on dès lors du bénéfice de cette culpabilité atténuée, qui est restée jusqu'à ce jour l'apanage du mineur de 16 ans ? Pourquoi laisserait-on subsister à son détriment une inégalité qui n'est ni rationnelle, ni logique, ni juste ?

Cette inégalité serait d'autant plus choquante, Messieurs, qu'au point de vue intellectuel, il n'y a plus de nos jours de différence sensible entre l'enfant de 15 ans et celui qui en a 17. C'est là, si l'on veut, une conséquence des progrès réalisés dans l'enseignement, mais cette conséquence n'en est pas moins certaine. — L'esprit de l'enfant peut-être assimilé à un creuset dans lequel les connaissances scientifiques de tout genre sont en quelque sorte accumulées comme à plaisir. Et ce n'est certainement pas adresser une critique à ce système d'enseignement que de placer presque au même rang, au point du développement intellectuel, le jeune homme de 15 ans et l'adulte de 18. — Les idées qu'ont leur a suggérées sont les mêmes. Leur cerveau est meublé des mêmes notions. — En tout cas la différence, si elle existe, est aisément négligeable, comparée à celle qui les sépare (au moins en général), au point de vue du développement des instincts passionnels. Cette dernière différence constituerait plutôt je le répète, le mineur de 16 à 18 ans en état d'infériorité.

Enfin, il ne faut pas oublier que la condamnation qui est prononcée contre le mineur de 17 ans a de plus graves conséquences pour son avenir, que celle dont est frappé un mineur de 16 ans. Ce dernier, en effet, peut, grâce à la réhabilitation, faire disparaître de son casier judiciaire la flétrissure attachée à sa condamnation. Il peut, par suite, contracter un engagement régulier dans les armées de terre et de mer. Il en a la faculté, parce qu'il a toujours devant lui un laps de temps suffisant pour se faire réhabiliter. — Au contraire, l'enfant de 17 ans contre lequel intervient un jugement de condamnation voit un obstacle infranchissable s'élever entre lui et la réhabilitation et par voie de conséquence, entre l'armée et lui. Il lui est en effet impossible de se réhabiliter, parce que quelque irréprochable qu'ait été sa sa conduite depuis sa première défaillance, elle ne l'aura pas été aussi longtemps que le prescrit l'article 620 du Code d'Instruction criminelle. Vous savez, en effet, qu'aux termes de cet article la demande en réhabilitation pour les condamnés à une peine afflictive ou infamante ne peut être formée que cinq ans après leur libération. Ce laps de temps est réduit à trois ans en faveur des condamnés à une peine correctionnelle. Vous n'ignorez pas d'autre part que la procédure de la réhabilitation est assez longue. — Le mineur de 17 ans qui a subi une première condamnation est donc par cela même constitué en état d'indignité. Le bénéfice de la loi Béranger est lui-même inopérant puisque cette loi ne suspend que l'exécution de la peine. Cette indignité l'éloigne donc du drapeau, alors que le mineur de 16 ans, condamné comme lui, a le temps de se faire réhabiliter, et de prendre rang parmi les défenseurs de la Patrie.

C'en est assez, Messieurs, pour vous faire toucher du doigt une injustice criante.

C'est cette considération, ajoutée à toutes les autres, qui m'amenait à vous dire, qu'en accordant au mineur de 18 ans, le bénéfice de l'art. 66, vous rétabliriez véritablement l'équilibre qui manque à notre loi pénale et vous feriez disparaître une inégalité qui n'a que trop duré.

Je vous invite donc, Messieurs, à émettre le vœu que la limite de la minorité pénale soit portée de 16 à 18 ans.

— Mais faut-il faire aussi bénéficier le mineur de16 à 18 ans, des atténuations de peines prescrites en faveur du mineur de 16 ans par l'art. 67 du Code pénal ? En d'autres termes, supposons qu'un délinquant âgé de 17 ans comparaisse, soit devant le tribunal correctionnel, soit devant la Cour d'Assises ; qu'il soit convaincu d'avoir accompli avec discernement, le délit ou le crime qui lui est reproché. Comment sa faute sera-t-elle châtiée ? Devra-t-on lui appliquer les peines prévues pour le majeur? ou faudra-t-il le traiter même à ce point de vue comme le mineur de 16 ans ?

Il semblerait à première vue qu'on dût appliquer à l'un et à l'autre, une égalité de traitement absolue.

Les criminalistes sont loin d'être cependant d'accord, sur cette importante question.

Le Code pénal, disent des esprits fort distingués, a commis une grave lacune, lorsqu'a été établie l'échelle des peines. Il ne contient aucune mesure transitoire au profit de celui qui, la veille encore, se trouvait, au point de vue répressif, en état de minorité. Tel qui, à 16 ans moins un jour, aurait bénéficié d'une large réduction de peine, se voit infliger, à 16 ans accomplis, les peines dont est frappé le majeur. Sa responsabilité qui était présumée limitée, devient entière. Or, cette supposition est trop absolue. Elle n'est pas *adéquate* à la vérité. Il y a là une lacune. Et, pour la combler, voici la solution qu'ils proposent :

Il y a lieu, disent-ils, d'établir une différence entre le prévenu âgé de moins de 16 ans et celui qui n'a pas encore atteint sa dix-huitième année. Tandis que le 1er jouira à la fois de la latitude laissée aux magistrats, quant à l'appréciation de sa faculté de discernement, et de l'atténuation de peines prévue par l'article 17 pour le cas de non discernement ; le second ne bénéficiera que des dispositions spéciales énoncées dans l'art. 66 du Code pénal. La question de discernement pourra seule se poser en sa faveur. Mais si cette question est tranchée contre lui, les articles du Code pénal lui seront appliqués dans toute leur rigueur. Il y aura ainsi entre l'âge de la minorité pénale, et celui de la majorité proprement dite, une sorte de période transitoire qui a échappé à la sagacité du législateur.

Ce compromis, Messieurs, est plein d'ingéniosité. Mais peut-il être accepté ? Il est spécieux. Il l'est même à ce point, que l'hésitation est permise.

Quelle que soit, cependant, ma profonde déférence pour ceux qui le préconisent, je ne saurais m'y arrêter.

De deux choses l'une :

Ou le mineur de 18 ans doit être assimilé à celui de 16 ans, au point de vue du discernement : il est alors rigoureusement logique de le faire bénéficier des réductions de peine prévues en faveur de ce dernier par l'art. 67.

Ou bien il est présumé avoir son entier discernement, et alors c'est un véritable majeur qui doit subir, sans restriction, les châtiments que méritent ses actions.

Les solutions mixtes me séduisent médiocrement, surtout, en matière de justice répressive. Et,

si comme je l'espère, je vous ai convaincu, que l'âge
de la minorité pénale doit être porté à 18 ans, il
y a lieu d'adopter cette conclusion, qui est aussi
la mienne : Aucune distinction, quelle qu'elle soit,
ne doit séparer, au point de vue de l'imputabilité
et de l'application des peines, le mineur de 16
ans, de celui de 18. — C'est, qu'en effet, le législateur ne doit pas avoir pour unique préoccupation
de frapper sévèrement et durement, les entraînements de la jeunesse. Il doit se proposer, à
coup sûr, de corriger les consciences que leur faiblesse même, entraîne à de regrettables défail-
lances. Il doit s'efforcer de les amender, de les
redresser. Les peines qu'il inflige, ne sauraient,
par suite, être exclusivement afflictives. Elles
doivent être, avant tout, et par dessus tout, mora-
lisatrices. Ce n'est pas une privation de liberté
plus ou moins longue, qui peut produire ce
résultat principalement auprès de la jeunesse.
Bien au contraire. Et ce n'est pas au moyen des
distinctions subtiles, de solutions bâtardes, que
le législateur peut espérer remplir sa tâche.

Les principes de la responsabilité, doivent être,
au contraire, nettement établis. Là où cette
responsabilité peut éveiller des scrupules, et faire
naître des doutes, il faut que la peine elle-même,

soit modérée, dans le cas où l'application en est jugée nécessaire.

Là où elle est entière, elle doit comporter la plénitude de ses sanctions répressives. C'est vous indiquer, Messieurs, que la création d'une période transitoire entre la culpabilité atténuée et la pleine culpabilité, ne me paraît ni désirable ni justifiée, et que je ne vois aucune raison logique pour priver le délinquant de 16 à 18 ans de l'une des privautés que le législateur a cru devoir accorder au mineur de 16 ans. L'article 67 doit donc faire partie de son apanage, si vous estimez tout d'abord qu'il doit profiter des prescriptions bienveillantes de l'article 66.

Mais, vous savez combien les réformes sont longues à se réaliser, lorsqu'elles sont signalées au cours de discussions purement dogmatiques ou présentées sous la forme de vœux qui demeurent la plupart du temps stériles.

Comment abréger cette période d'attente ?

Comment provoquer l'intervention du législateur, qui, de nos jours, est l'homme le plus occupé du monde ?

En facilitant son œuvre, en lui ouvrant largement les voies.

Notre distingué Secrétaire-général nous l'indiquait d'ailleurs, avec une netteté lumineuse, dans le remarquable rapport qu'il a présenté à la séance de rentrée de notre Comité.

Il faut, nous disait M. Albert Vidal-Naquet, devancer au besoin le législateur dans son œuvre.

Mais par quels moyens ? Rassurez-vous, messieurs, ce n'est point par des moyens violents ou subversifs, mais à l'aide des armes que nous fournit le Code lui-même. Quels sont donc ces moyens ?

L'article 273 du Code pénal en contient un qui est fort intéressant, ainsi que vous pouvez vous en convaincre. Ce texte de loi vise exclusivement le vagabondage. Les termes en sont les suivants :

Article 273. — « Les vagabonds nés en France pourront, après un jugement même passé en forme de chose jugée, être réclamés par délibération du Conseil municipal de la commune où ils sont nés, ou cautionnés par un citoyen.

Si le Gouvernement accueille la réclamation ou agrée la caution, les individus réclamés ou cautionnés seront par ses ordres renvoyés ou conduits dans la commune qui les aura réclamés ou dans celle qui leur sera assignée pour résidence, sur la demande de la caution. »

Ainsi donc, tout vagabond emprisonné, à la

suite d'un jugement de condamnation, peut voir s'ouvrir pour lui les portes de sa prison, à la seule condition qu'un tiers s'intéresse à lui. Que ce tiers soit une personne morale, telle que la commune, un ami, un parent ou simplement un philanthrope! peu importe.

Le voilà rendu à la liberté, si la caution qui le réclame est agréée par le gouvernement. Mais la commune et la caution ont, en ce cas, à remplir un devoir et une obligation de surveillance dont l'oubli créerait pour l'une, une responsabilité morale, et pour l'autre, une reponsabilité morale et matérielle, suivant les conditions du contrat de cautionnement.

Ce bénéfice du cautionnement a été emprunté par le Code Napoléon à l'article 3, titre 3 de la loi du 24 Vendémiaire an II qui ne l'appliquait toutefois qu'aux mendiants. Cet emprunt a été évidemment fait dans un haut intérêt de moralisation et d'humanité. — Eh! bien? C'est là une arme dont notre Comité de défense doit s'emparer bien vite pour en faire bénéficier les mineurs de 18 ans qui, même frappés d'une condamnation, sont susceptibles de s'amender et de revenir au bien. C'est le complément nécessaire et pratique des mesures bienveillantes que nous sollicitons

du législateur, en l'invitant à reculer jusqu'à
18 ans, la limite de la minorité pénale.

Il faut qu'une première faute, même punie,
puisse être rachetée par un repentir sincère, que
la durée de la peine puisse être abrégée au profit
de celui qui s'en montre digne.

Mais, dira-t-on, quelle sera auprès du Gouvernement la caution du mineur de 18 ans auquel
une condamnation aura été infligée ? Cette caution ? mais ce sera la Société de patronage des
libérés, corollaire indispensable de notre œuvre.

En ce qui concerne les formes, la nature et les
effets du cautionnement à fournir par la personne
qui réclame un vagabond, il est, en effet, reconnu
que l'appréciation en est laissée, dans le silence
de la loi, au pouvoir discrétionnaire de l'Administration.

C'est donc cette Société qui prendra charge du
condamné en faveur duquel elle aura sollicité
une libération anticipée. C'est à elle qu'en
incombera la surveillance. C'est elle qui veillera
sur ses actes et qui aura à justifier la confiance du
Gouvernement. Cette Société offrira d'ailleurs à
l'Administration toutes les garanties sur lesquelles
elle est en droit de compter, car, son organisation,
quoique de date relativement récente, est conçue

de telle façon qu'elle peut répondre à toutes les exigences.

Mais il faut aller plus loin. Il faut donner à l'article 273 une interprétation à la fois saine et logique, qui entre mieux encore dans le cadre de protection des mineurs de 16 à 18 ans.

Puisque la Société de Patronage peut suspendre les effets de la chose jugée, et empêcher le mineur de 17 ans de subir sa peine, en le recevant dans son asile, le soir même de sa condamnation, pourquoi hésiter à acquitter ce mineur, lorsque cette même Société le réclame à l'audience ? Ce n'est pas une œuvre de préteur que nous demandons au Tribunal d'accomplir. Ce que nous le prions de faire c'est une application rationnelle de la loi. De telle façon que lorsqu'un membre de notre Comité viendra à l'audience réclamer un mineur de 17 ans, au nom de la Société de Patronage, le Tribunal prononcera son acquittement, pour lui éviter la tristesse et la flétrissure d'une première condamnation.

A quoi bon, en effet, prononcer une peine dont l'effet pourra être immédiatement suspendu ? Pourquoi infliger une condamnation qui n'aura qu'un résultat : empêcher ou entraver le relèvement moral de l'enfant ?

Cette manière de procéder, Messieurs, a déjà fait ses preuves. Permettez-moi de vous rappeler à ce sujet, les paroles prononcées par Mᵉ Vidal-Naquet au sein de notre Comité :

« Depuis deux mois, disait-il, votre bureau s'est
« préoccupé de la situation de ces petits vaga-
« bonds de 16 à 18 ans qui, attirés par notre
« grande ville, après avoir cherché vainement du
« travail sur les quais, ou un embarquement dans
« la marine marchande, viennent échouer en
« police correctionnelle, Ils sont visités dans la
« prison, et, s'ils sont dignes d'intérêt, le patro-
« nage les fait réclamer à l'audience.

« C'est ainsi que dix enfants en deux mois ont
« été recueillis à l'asile du patronage où ils ont eu
« un abri en attendant le travail qui leur a été
« donné.

« Je suis heureux, ajoutait-il, de constater que
« le parquet de Marseille facilite singulièrement
« notre tâche. Il y a quelques jours à peine l'hono-
« rable M. Roux voyait comparaître devant lui
« neuf garçons âgés de 17 à 18 ans. Il les a fait
« tous engager dans la marine ou dans l'armée.
« C'étaient des enfants perdus, il en a fait des
« défenseurs de la Patrie. »

Il n'est pas possible d'exprimer en termes plus

heureux les conséquences que l'on peut attendre d'une pareille réforme. Par les résultats atteints en aussi peu de temps, on peut facilement présumer de ceux que l'on obtiendra dans l'avenir : Ils sont incalculables.

Ils le seront surtout, si la défense des mineurs est organisée sur le modèle de celle des mineurs de seize ans.

Il serait à désirer, à cet égard, que les membres de notre Comité prêtassent le concours le plus large à la Société de Patronage des libérés. Il faudrait que chacun de nous, à tour de rôle, voulût bien suppléer Mᵉ Vidal-Naquet, et fit ce que seul il a entrepris jusqu'à ce jour, en se chargeant de défendre les jeunes gens que la Société de Patronage aurait désignés comme dignes d'intérêt, et susceptibles d'être recueillis par elle. Et de même que M. le Bâtonnier désigne un avocat pour tous les mineurs de 16 ans, sur l'avis qui lui en est donné par Monsieur le Procureur de la République, Monsieur le Bâtonnier voudrait bien commettre un membre du barreau pour s'occuper des jeunes gens de 16 à 18 ans qui lui seraient signalés par la Société de Patronage.

Je crois avoir examiné, Messieurs, les différents remaniements qu'il y a lieu d'opérer dans la lettre et dans l'esprit des prescriptions qui régissent actuellement la responsabilité des mineurs.

Ces remaniement sont le corollaire naturel des progrès immenses que font chaque jour les problèmes sociaux. Ils auront sans doute pour effet d'arrêter l'accroissement de la criminalité. Car, protéger l'enfance, et arracher au vice l'adolescence, c'est tuer en quelque sorte le mal dans la racine.

J'ai donc l'honneur de vous proposer l'adoption des textes suivants :

## ARTICLE 66 (nouveau). — PARAGRAPHE PREMIER

Nul ne sera traduit en justice pour une infraction qu'il aurait commise, alors qu'il n'aurait pas atteint l'âge de dix ans accomplis.

## PARAGRAPHE 2

L'enfant qui, avant d'avoir atteint l'âge de dix ans accompli, a commis un acte que la loi pénale qualifie d'homicide volontaire ou crime d'incendie pourra, toutefois, sur les réquisitions du Ministère public être mis à la disposition du gouvernement jusqu'à l'âge de 20 ans accompli.

## PARAGRAPHE 3

Lorsque le prévenu ou l'accusé aura plus de dix ans, mais moins de dix-huit ans, s'il est décidé qu'il a agi sans discernement, il sera acquitté, mais il sera suivant les circonstances remis à ses parents, ou confié à une œuvre de Patronage autorisée à cet effet ; ou conduit dans une maison de réforme, pour y être détenu et élevé pendant un nombre d'années que le jugement déterminera, et qui toutefois ne pourra dépasser sa vingt-unième année, à moins qu'avant cet âge, il n'ait été admis à contracter un engagement régulier dans les armées de terre ou de mer.

Pendant tous le cours de l'instruction, le mineur devra toujours jouir du bénéfice de la séparation individuelle.

ARTIGLE 67. — Texte maintenu.

ARTICLES 68 et 69. — Le texte de ces articles serait également maintenu, à l'exception des mots « âgé de moins de seize ans » qui seraient remplacés par les mots : » âgé de plus de dix ans, mais de moins de dix-huit. »

— A la suite des modifications qui précèdent, le texte de l'article 340 du Code d'instruction criminelle, serait lui-même remplacé par le suivant :

ARTICLE 340 (nouveau). — Si l'accusé a moins de dix-huit ans, le Président posera à peine de nullité cette question :

« L'accusé a-t-il agi avec discernement ? »

Ce n'est pas tout, Messieurs, je vous propose en outre d'émettre le vœu : que les mineurs de seize à dix-huit ans signalés par la Société de Patronage des libérés et des adolescents comme dignes d'intérêt, soient défendus par les soins de notre Comité, dans les conditions et selon les formes établies pour les mineurs de seize ans.

— Telles sont, Messieurs, à mon sens, les améliorations que comporte un état social dont le progrès est indéniable.

Il vous appartient maintenant d'en discuter l'économie et, si vous le jugez à propos, de les compléter, à la suite de l'examen auquel vous voudrez bien les soumettre.

www.ingramcontent.com/pod-product-compliance
Lightning Source LLC
Chambersburg PA
CBHW060451210326
41520CB00015B/3904